Mexicas

Los indígenas
de Mesoamérica II

Mexicas
Los indígenas de Mesoamérica II
José Rubén Romero

Primera reimpresión: Producciones Sin Sentido Común, 2019
Segunda edición: Producciones Sin Sentido Común, 2018
Primera edición: Producciones Sin Sentido Común y Consejo Nacional para la Cultura
y las Artes, 2013

D. R. © 2019, Producciones Sin Sentido Común, S. A. de C. V.
    Pleamares 54, colonia Las Águilas,
    01710, Álvaro Obregón,
    Ciudad de México

Texto © José Rubén Romero
Ilustraciones © Óliver Flores

ISBN: 978-607-8469-55-0

Impreso en México

Mexicas

Los indígenas
de Mesoamérica II

José Rubén Romero

Ilustraciones de Óliver Flores

NOS
TRA
EDICIONES

Valle de
México

ÍNDICE

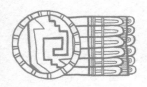

Introducción

**LOS MEXICAS MIGRARON DESDE UN LUGAR DESCONOCIDO
Y FUNDARON LA CAPITAL DE UN GRAN IMPERIO. LOS HOMBRES Y LAS MUJERES
ACTUARON SIEMPRE MOVIDOS POR UN IDEAL.**

Con grandes esfuerzos y muchos sacrificios los mexicas deseaban
fundar una ciudad que alcanzara la gloria y recibiera honores de los pueblos que
la rodeaban. Cuando finalmente lo habían logrado, hombres extraños que vinieron
de lejos los conquistaron. En apariencia los destruyeron, sólo en apariencia, porque
algo de ellos vive todavía en nosotros.

Mesoamérica

Mesoamérica fue un territorio en el que se desarrollaron numerosas culturas. Cuando llegaron los españoles ocupaba la mitad sur de México y la porción norte de Centroamérica. Hace aproximadamente tres mil años en las costas del golfo de México, al sur de Tabasco y al norte de Campeche, surgió la cultura olmeca. Al mismo tiempo en el valle de México, en la cercanía de sus lagos, existieron ciudades en las que floreció una civilización desarrollada. Desde esas dos regiones, por la guerra y el comercio, la cultura se fue extendiendo. Mesoamérica se caracterizó por el uso de dos calendarios, el conocimiento de la escritura con pictogramas, la construcción de pirámides y la elaboración de tortillas de maíz, entre otras cosas. En el área mesoamericana florecieron las culturas maya, zapoteca, mixteca, teotihuacana, tolteca y mexica. La frontera sur de Mesoamérica permaneció durante mucho tiempo inmóvil, en cambio la del norte se desplazó varias veces; llegó hasta los actuales estados del norte de México, y alguna vez, hasta el valle de México.

11

Los orígenes

SE DICE QUE HACIA EL NORTE DE MESOAMÉRICA HABÍA UNA CIUDAD LLAMADA AZTLAN. LA PALABRA *AZTLAN* SIGNIFICA EN NAHUATL "EL LUGAR DE LAS GARZAS". POR EL COLOR DE LAS GARZAS SE DICE QUE EL NOMBRE DE ESA CIUDAD QUIERE DECIR TAMBIÉN "LUGAR DE LA BLANCURA". DEL TÉRMINO AZTLAN PROVIENE EL DE *AZTECA* QUE SIGNIFICA "EL ORIGINARIO DEL LUGAR DE LAS GARZAS" O "EL ORIGINARIO DEL LUGAR DE LA BLANCURA". ESTA CIUDAD, CAPITAL DE LOS ANTIGUOS AZTECAS, TAMBIÉN ERA LLAMADA *CHICOMOZTOC*, QUE QUIERE DECIR "EL LUGAR DE LAS SIETE CUEVAS".

Hasta ahora no ha sido posible ubicar el sitio exacto donde se localizaba Aztlan. Hernando Alvarado Tezozómoc, un historiador indígena, escribió a finales del siglo XVI que tal ciudad se encontraba en lo que ahora es Nuevo México, en el actual territorio de los Estados Unidos. También pudo haberse ubicado más al sur, cerca del actual estado de Nayarit, o incluso en alguna región cercana al centro del territorio mexicano. Lo cierto es que no se han encontrado vestigios de ella.

A ZTLAN

Muchas veces se ha dicho que los mexicas eran gente inculta, que eran nómadas y bárbaros.
Sin embargo, no era así. Su lugar de origen era una ciudad que tenía todas las características de las
ciudades mesoamericanas. En ella había templos y palacios, sus habitantes sembraban la tierra,
tenían gobernantes; estaba muy lejos de ser un asentamiento temporal de un pueblo nómada.
Los mexicas que migraron de ahí, en los lugares donde les fue posible construyeron algún templo
pequeño y también sembraron. Tan pronto como se instalaron en México-Tenochtitlan,
comenzaron a construir una ciudad majestuosa que es evidencia del origen mesoamericano
de los mexicas.

Algunas crónicas antiguas describen Aztlan como una ciudad construida en una isla, en medio de un lago tranquilo. Tenía sólidas construcciones que caracterizaban a la capital de los aztecas. La más elevada de todas era la gran pirámide en cuya cumbre estaba el templo a la deidad más venerada, el dios del *calpulli* que gobernaba a los habitantes de la isla.

En lo alto de aquel templo había braseros encendidos todo el tiempo en los que ardía el copal cuyo aroma impregnaba el aire y se elevaba al cielo para honrar a las divinidades. También podían observarse, en torno al gran templo, una plaza de grandes proporciones así como verdaderos palacios donde vivían los gobernantes y sus familias.

Más allá, sobre sus calles y plazas se encontraban innumerables casas de un solo piso donde vivía la gente del pueblo, los artesanos y los comerciantes. Un poco más cerca de las chinampas y de la laguna, había otras casas con una sola habitación donde vivían los agricultores, quienes además de sembrar la tierra se ocupaban de cazar y pescar.

LOS ACENTOS EN LAS PALABRAS NAHUAS

En la lengua náhuatl la inmensa mayoría de las palabras son graves, esto es, se acentúan en la penúltima sílaba. Por razones desconocidas, posiblemente entre los siglos XIX y XX, los nombres de estos pueblos comenzaron a escribirse como palabras agudas, acentuadas en la última sílaba: *Aztlán*, *Tenochtitlán*, *Culhuacán*. Normalmente, cuando nos referimos a las ciudades prehispánicas conservamos el acento en la penúltima sílaba, como en la lengua náhuatl. Cuando se trata de localidades modernas colocamos el acento en la última sílaba. Por ejemplo, si hablamos de la época prehispánica diremos *Teotihuacan*, si nos referimos a alguno de los poblados que llevan este nombre en la actualidad diremos, *San Juan Teotihuacán*.

Los habitantes de Aztlan, los aztecas, estaban organizados
en calpullis o comunidades que ocupaban un lugar
preciso en la ciudad y realizaban una actividad particular.
Había calpullis de agricultores, de petateros, de fabricantes
de objetos de plumas, de cerámica fina, entre otros.
Los hombres de estos calpullis eran llamados *macehuales*.
El gobierno y la administración estaban en manos
de uno de esos grupos, cuyos miembros eran considerados
como una especie de nobleza, a estos se
les conocía como *pillis*.

La vida para el pueblo
azteca era muy difícil.
La siembra era un trabajo
arduo, la pesca y la caza
eran actividades duras,
lo mismo que recoger la leña
para los hogares y acarrear
agua. Además, los habitantes
de Aztlan vivían oprimidos
por los señores de la ciudad,
quienes los obligaban a pagar
diversos tributos que incluían
maíz, frijol, calabaza y chile,
así como pescados y aves
de la laguna con los que
se preparaba la comida
de los gobernantes.

Como parte de estos tributos los macehuales también servían en las casas de los señores y les cultivaban sus parcelas. Por si fuera poco, acudían todos los días a aquellas casas con leña y agua, y, de vez en cuando, con petates y piezas de cerámica. La vida de los señores era placentera, mientras que la de los hombres del pueblo era agotadora.

LOS *PILLIS* Y LOS MACEHUALES

Con estas palabras los antiguos mexicas nombraban a los nobles y a la gente del pueblo. El término *pilli* quiere decir hijo, príncipe o noble. Les llamaban así porque todos eran hijos legítimos de otros nobles. También, según decían en algunos de sus discursos eran los hijos, los descendientes del dios Quetzalcóatl. Este parentesco daba a los nobles una justificación importante para ejercer su poder. Por su lado, los macehuales eran los hombres del pueblo. La palabra náhuatl es *macehualli* y quiere decir "los merecidos", los que viven gracias a que los dioses merecieron la vida para ellos. Según cuentan las historias, el dios Quetzalcóatl bajó al Mictlán, a la región de los muertos. Fue a buscar los huesos de los hombres antiguos, para hacer con ellos a los nuevos hombres que poblarían otra vez la tierra. Los obtuvo con esfuerzos, pues Mictlantecuhtli el dios de los muertos no quería dárselos. Cuando salió del Mictlán, llevó los huesos hasta un lugar llamado Tamoanchan. Ahí los molió, se sangró el cuerpo y con su sangre y aquel polvo hizo una pasta. Modeló entonces a los hombres. Cuando terminó su trabajo exclamó: "¡han nacido, oh dioses, los macehuales!", porque con su sacrificio había merecido la vida para ellos. Por eso a las personas comunes se les llamaba macehuales.

17

Cuentan las antiguas historias
que Huitzilopochtli, el dios
de uno de aquellos calpullis de
macehuales, habló a sus hombres.
Les dijo que conocía un sitio
donde había también un gran
lago con una isla en medio, ahí la
tierra producía todo lo necesario
para alimentarse y él los guiaría
hasta ahí. El ofrecimiento fue bien
recibido, pues significaba liberarse
de la opresión en la que vivían.
Entonces el dios les ordenó
salir de Aztlan y alejarse de esa
ciudad en la que vivían bajo el
dominio de los señores aztecas.

LOS CALPULLI

En el México Antiguo la gente estaba organizada en calpullis, que en náhuatl significa "la casa grandota",
donde vivía un grupo de personas que se conocían de tiempo atrás. Cada calpulli tenía su propio
dios, y los ancianos guardaban un códice en el que se narraba la historia del grupo. El dios y el códice
eran lo más importante para mantener unidos a los miembros de un calpulli. Gracias a esos
dos elementos, un calpulli podía migrar en busca de mejores tierras y condiciones de vida.
Cada uno de los calpullis que salieron de Aztlan tenía una ocupación económica precisa.
Había calpullis de orfebres, que trabajaban con maestría el oro y la plata; de plumajeros, capaces
de fabricar hermosos penachos; de comerciantes, llamados *pochtecas*, que negociaban con objetos
y materias primas muy finas, sin olvidar aquellos grupos dedicados a la agricultura.

Organizaron su salida y decidieron llevar sólo lo necesario. Su equipaje eran algunos enseres domésticos, ollas, comales, metates y molcajetes. También llevaban instrumentos para labrar la tierra, bastones plantadores, pequeñas azadas y pequeños mazos para deshacer los terrones en los campos de cultivo. Por supuesto, llevaban semillas de maíz y de otras plantas para que cuando llegara la oportunidad pudieran sembrar y cosechar. Así no dependerían totalmente de la caza y la recolección. Para el viaje eran indispensables las redes para pescar y dardos tanto para defenderse de posibles enemigos como para cazar.

Siguieron las indicaciones de su dios y una mañana abandonaron Aztlan e iniciaron un largo viaje a una tierra que desconocían. Corría el año 1064 del calendario cristiano, que era el 2 pedernal en el suyo.

LOS CALENDARIOS MEXICAS

Contar los días y agruparlos, como nosotros lo hacemos, para formar semanas, meses o años, ha sido una actividad constante del ser humano. Los mexicas, igual que los demás pueblos mesoamericanos, tenían dos calendarios. Uno era el *xiuhpohualli*, que significa "la cuenta de los días", formado por 18 meses de 20 días, que sumaban 360 días, a los que le agregaban cinco días más para tener 365 días en total. Durante cada uno de estos meses se realizaban imponentes ritos dedicados a una o varias deidades, y en ellos participaban los sacerdotes más importantes. Existía otro calendario llamado *tonalpohualli*, que quiere decir "la cuenta de los destinos". Este consistía en la combinación de 20 signos (por ejemplo: *ozomatli*, mono; *tochtli*, conejo; *cuauhtli*, águila) con números que iban del uno al 13. Al multiplicar 20 x 13 se obtenían 260 días en total. Este calendario se usaba para conocer el carácter de quien nacía en un día determinado. Los años se formaban combinando cuatro signos (*calli*, casa; *tochtli*, conejo; *acatl*, caña, y *tecpatl*, pedernal) con los números del uno al 13, lo que resultaba en 52 años equivalentes al siglo mexica.

Fueron siete los calpullis que abandonaron aquella ciudad. Sus nombres eran: Yopica, Tlacochcalca, Huitznahuaca, Cihuatecpaneca, Chalmeca, Tlacatecpaneca y Izquiteca. Todos ellos eran guiados por tres hombres y una mujer, quienes se encargaban de transportar a sus dioses. Eran los llamados *teomamaque*, palabra que significa "los que cargan a los dioses".

Los bultos sagrados

A lo largo de la historia, la relación del hombre con sus deidades ha sido muy profunda y muchas veces se ha manifestado a través de objetos. Es el caso de los llamados "bultos sagrados" de los mexicas. Durante la migración esos objetos tuvieron un papel muy importante, sobre todo el de Huitzilopochtli. En los antiguos códices que se refieren a esa etapa de la historia mexica, es posible ver a personajes que llevan sobre sus espaldas pequeños envoltorios que guardaban algunas reliquias. Posiblemente plumas finas, huesos o piedras preciosas. Esos objetos eran el recuerdo de la relación de los hombres con su dios. Cuando era necesario, a través de su bulto el dios se comunicaba con los hombres.

Entre los teomamaque se distinguía uno de los demás. Uno que llevaba sobre sus espaldas un bulto del que salía la cabeza de un colibrí, de cuyo pico brotaban unas vírgulas de la palabra. El colibrí es Huitzilopochtli y las vírgulas de la palabra son las órdenes que va dando para indicar el camino que debían seguir.

LAS VÍRGULAS

En los antiguos códices, para representar a un personaje hablando, el *tlacuilo* o pintor dibujaba, frente al rostro de ese personaje, una especie de coma o vírgula. Este elemento indicaba que de su boca estaban saliendo palabras. Quien veía el códice, no encontraba en él nada que le indicara qué decía aquel personaje. Los que sabían leer bien los códices, además de saber el significado de cada uno de los dibujos (pictogramas) que había en esos documentos, se aprendían de memoria los discursos a los que hacían referencia las vírgulas de la palabra.

Al llegar a tierra firme, pasaron por un sitio llamado Teoculhuacan, el auténtico o verdadero Culhuacan, representado por una montaña con la cima curva. Se trata de un lugar mítico, del que desconocemos su ubicación.

Al comenzar
aquel recorrido, el dios
Huitzilopochtli les ordenó
cambiar de nombre, ya no
se llamarían aztecas como
hasta entonces, sino mexicas.

AZTECAS Y MEXICAS

Aztecas era el nombre con el que se designaba
a quienes vivían en la ciudad de Aztlan.
Cuando los mexicas salieron de ahí guiados
por Huitzilopochtli, aún se hacían llamar de esa
forma. Sin embargo, durante su migración cambiaron
ese nombre por el de *mexicas*, porque su dios así
se los indicó. Cuando fundaron su ciudad,
la llamaron "México" para dejar claro que ellos eran
de ahí. Durante el siglo XIX los escritores extranjeros
comenzaron a llamar "aztecas" a los mexicas.
Sin embargo, su nombre correcto, porque ellos
así se llamaban, es *mexicas*.

Huitzilopochtli también prometió que los guiaría hasta un sitio en el que encontrarían de qué vivir, y además iban a dominar a muchos pueblos, que les rendirían tributos como plumas muy finas, piedras de gran valor, algodón y cacao. Serían los señores del mundo, porque sus vasallos pertenecerían a los cuatro rumbos del universo. Durante el tiempo que duró la migración, el dios les recordó varias veces esta promesa para mantener en alto el ánimo de los calpulli que seguían fielmente sus designios.

Habían recorrido territorios que hasta entonces les eran desconocidos, procurándose en ellos los alimentos necesarios para sobrevivir. El viaje se hacía lento porque en el grupo iban mujeres, niños pequeños y ancianos que no podían caminar muy rápido. La migración que iniciaron duró alrededor de 200 años.

Los primeros tiempos fueron en extremo difíciles. Sin embargo, llevaban consigo a sus dioses, entre ellos Huitzilopochtli, el verdaderamente poderoso, y sus códices donde continuamente registraban lo más importante que les ocurría.

En algunos códices se observa un personaje navegando en una barca que sale de una isla y se dirige a tierra firme. Ese hombre representa al conjunto de los calpullis que abandonaron Aztlan.

24

Los códices eran largas tiras de papel amate generalmente dobladas como biombos, pintados por los tlacuilos quienes combinaban numerosas figuras y con ellas formaban palabras y frases. Había códices religiosos en los que se detallaban las fiestas que debían celebrarse en honor a los dioses. Cuando un señorío tenía pueblos vasallos, los tributos que estos pagaban eran puntualmente referidos en códices fiscales. Cada grupo tenía un códice que guardaba celosamente. Ahí estaba registrada su historia. Era el recuerdo que tenían desde sus orígenes.

El papel amate

Amate es un término que viene de la palabra náhuatl *ámatl*. Se trata de un árbol enorme que crece en diversas partes del territorio mexicano. Cuando se le ve de lejos, se distingue por su copa frondosa y baja que siempre da una sombra muy fresca. Las fibras de su corteza se aprovechan para fabricar papel. Primero se le hidrata sumergiéndola en agua con cal. Luego se le golpea para extraerle el agua y obtener así láminas finas de color café claro. Una vez que están secas se preparan con tiza, *tizatl* en náhuatl. Con esta capa de material, el papel de amate se vuelve terso y apropiado para escribir. En este tipo de papel se elaboraron muchos de los códices en Mesoamérica. Otros se escribieron sobre tela de algodón o sobre piel de venado.

Los mexicas permanecieron en algunos lugares por un tiempo muy corto y no dejaron rastros importantes, pero en otros sitios se quedaron por periodos largos y pudieron construir un templo para venerar al dios Huitzilopochtli, y otros más pequeños para honrar a los dioses de los otros calpullis que iban en la migración. Algunas veces hicieron estas construcciones con piedra, otras, tuvieron que conformarse con las ramas de los árboles que crecían en aquellos lugares.

Por otra parte, debido a su situación de migrantes, sucedía lo mismo con la siembra de maíz y otros vegetales. Cuando recibían la orden de su dios para continuar la marcha, tenían que dejar los sembradíos sin recoger las cosechas que les habrían servido de alimento, y entonces se conformaban sólo con lo que podían cazar y recolectar.

LAS MIGRACIONES

Cuando el hombre apareció en
la región que hoy es México,
era nómada, no tenía un lugar fijo
donde vivir. Obtenía su alimento
a través de la caza, la pesca
y la recolección recorriendo
en pequeños grupos una zona
determinada año con año. Cuando
escaseaba la comida, todo el grupo
abandonaba la región para buscar
otra donde establecer otro circuito
y obtener lo necesario para sobrevivir.
Después de mucho tiempo, el hombre
logró domesticar algunas plantas
y animales y, seguro de obtener
su alimento, comenzó a vivir en aldeas
y se volvió sedentario. En ocasiones
se vio de nuevo obligado a migrar,
cuando se presentaba alguna situación
difícil (una sequía o una guerra).
En el caso de los mexicas,
la dominación a que estaban
sujetos los obligó a dejar Aztlan.

Entre los sitios por los que pasaron
los mexicas se encuentra Pátzcuaro,
en Michoacán, donde encontraron una gran
laguna con una pequeña isla en el centro.
Cuando llegaron estaban muy cansados por
el largo camino, y ante la tranquilidad y
frescura de aquel lugar decidieron quedarse
por un tiempo. Algunos de ellos, atraídos por
el agua, se metieron al lago.

Cuando estaban bañándose, Huitzilopochtli habló a los que se habían quedado en la orilla y les ordenó tomar la ropa de los que se divertían y abandonar el sitio para continuar su viaje. La orden no podía ser desobedecida y cumplieron lo que el dios les pidió.

Los que se habían ido olvidaron algunos huipiles, las camisas que usaban las mujeres, y faldas. Los hombres que salieron del lago, abandonados por el grupo, se pusieron los huipiles y las mujeres, las faldas. A partir de entonces los michoacanos se vestían de manera muy especial: las mujeres llevaban solamente faldas, dejando el torso al descubierto, y los hombres llevaban huipiles, como los que en otras regiones eran parte de la vestimenta femenina.

No hacía mucho tiempo que habían abandonado Aztlan cuando se dio la primera división entre los mexicas. Entre ellos había una mujer llamada Malinalxóchitl que se decía era una hechicera. Le gustaba morderles las pantorrillas a las personas y tenía trato con los animales ponzoñosos. Un día, su cansancio fue tan grande que se quedó dormida a un lado del camino. Apenas cerró los ojos, los mexicas se secretearon y como no era una persona apreciada, decidieron dejarla abandonada, y Malinalxóchitl se quedó ahí, sola.

Cuando despertó vio que no había nadie alrededor. Primero comenzó a llamar a gritos a los demás esperando obtener respuesta, pero nadie le respondió, todo estaba en silencio. Luego, cuando se dio cuenta de que en verdad estaba sola, comenzó a llorar y al pasar un rato, caminó hasta llegar a un sitio en el que se quedó a vivir y al que puso por nombre Malinalco.

Malinalxóchitl estaba embarazada y al verse sola y en ese estado aumentó su sufrimiento. Cuando su hijo nació lo llamó Copil. Desde pequeño ese niño escuchó muchas veces a su madre narrar su desventura. Esto le produjo un gran enojo y juró vengar el dolor que su madre había padecido a causa del desprecio y abandono de los mexicas.

Huitzilopochtli quería mujeres y hombres disciplinados. Sólo ellos conocerían el destino final, el lugar donde se fundaría México, por eso ordenó que quedaran en el camino quienes sucumbieron al gozo de meterse al agua para disfrutar de su frescura, y también aquellos que habían optado por dormir.

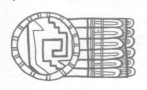

Las tierras nuevas

LOS MEXICAS CAMINARON MUCHOS AÑOS HASTA LLEGAR AL ALTIPLANO
CENTRAL DE MÉXICO, A UN LUGAR LLAMADO COATÉPEC. EN ESE SITIO HABÍA
UN CERRO, DONDE SE ASENTARON, Y UN RÍO QUE CORRÍA A UN LADO. ENTONCES
LES HABLÓ HUITZILOPOCHTLI Y LES ORDENÓ QUE CONSTRUYERAN
UNA REPRESA PARA DETENER LAS AGUAS DEL RÍO. OBEDECIERON Y TRABAJARON
AFANOSAMENTE REUNIENDO PIEDRA, CAL Y ARENA PARA LEVANTAR
AQUELLA OBRA, TAL COMO EL DIOS LO PEDÍA.

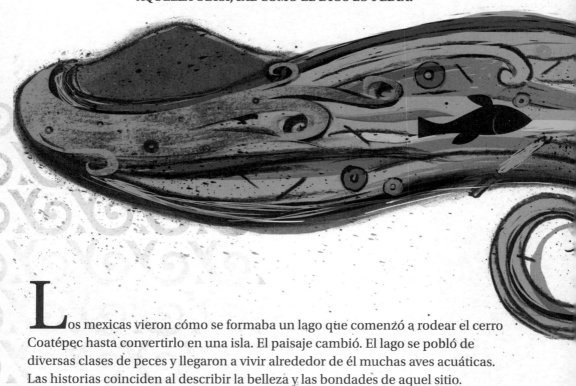

Los mexicas vieron cómo se formaba un lago que comenzó a rodear el cerro
Coatépec hasta convertirlo en una isla. El paisaje cambió. El lago se pobló de
diversas clases de peces y llegaron a vivir alrededor de él muchas aves acuáticas.
Las historias coinciden al describir la belleza y las bondades de aquel sitio.

Algunos hombres dijeron que seguramente ese era el lugar que Huitzilopochtli les había prometido para fundar la ciudad. Sin embargo, él solamente quería mostrarles cómo iba a ser el sitio donde se establecerían definitivamente, y furioso por el malentendido mandó sacrificar a quienes querían convencer a la gente para quedarse ahí. Ordenó que destruyeran la represa para que las aguas de aquel río siguieran su curso. Los mexicas obedecieron inmediatamente y desapareció el lago, las plantas y los animales que se habían criado alrededor.

Los mexicas se vieron forzados a continuar su camino y llegaron a otro sitio, muy cerca de una ciudad abandonada llamada Tula. En ella no había un solo habitante; las plazas estaban vacías, los templos lucían abandonados, los muros de las casas estaban semidestruidos, había polvo y escombros por todas partes.

Tula había sido la ciudad más importante de la región. En tiempos de esplendor, sus dominios llegaban más allá de las montañas que rodean el valle de México. Habían conquistado muchos pueblos cuyos habitantes llegaban cargados de tributos. Los toltecas, sus habitantes, habían levantado templos y palacios suntuosos en torno a espaciosas plazas.

Lo que los mexicas encontraron en Tula eran sólo las ruinas de la antigua capital tolteca. Sin embargo aún en ese estado, todo lo que mostraba aquella ciudad en abandono era grandioso. Era como si sus muros casi destruidos por el tiempo guardaran el secreto de sus antiguas glorias.

TULA

Cuando los mexicas llegaron a
Tula pudieron observar ahí lo que
dejaron los antiguos toltecas. No sólo
había ruinas, también encontraron
pirámides, montículos, restos de vasijas
de barro, tazones, figurillas, brazaletes;
vestigios todos de una gran civilización.

Los migrantes miraron con cuidado las ruinas de las construcciones, las
pirámides y las plazas, y lo que quedaba de los antiguos palacios. Admiraron
los relieves y las antiguas pinturas que adornaban algunos muros. Encontraron
trozos de vasijas preciosas y cuentas de piedras finas que fueron parte de elegantes
ropajes. Los mexicas pudieron entender el pasado glorioso de los toltecas.

La región en la que se encontraban aquellas ruinas era propicia para la agricultura y había lugares cercanos donde era posible recolectar vegetales y cazar. Era una tierra que desde hacía tiempo había atraído a muchos pobladores. Los mexicas recorrieron algunas partes de la región donde observaron a lo lejos ciudades y pueblos, hasta que encontraron un enorme lago.

Continuaron su camino acercándose a la ribera del lago. Alrededor de él había tres grandes señoríos. En el sur se extendía aquel cuya capital era la ciudad de Culhuacan; era el más antiguo y de mayor tradición. Hacia el este, el señorío fundado hacía poco por un grupo que había llegado del norte y que tenía como capital a la ciudad de Tetzcoco. En la región del oeste y hacia el norte se extendían las tierras del señorío de los tecpanecas, cuya capital era la poderosa ciudad de Azcapotzalco. Estos tres señoríos formaban una Triple Alianza.

Transcurría el año 8 caña del calendario mexica. Ya habían pasado poco más de 160 años desde la migración de Aztlan. Fue entonces que llegaron a las faldas de un cerro llamado Chapultepec. Era un lugar agradable de tierra propicia para sembrar, lleno de inmensos ahuehuetes, con una fuente natural de agua potable y fresca. Además estaba muy cerca de las orillas del lago, lo que les permitía cazar y pescar. Habían pasado ya tantos años recorriendo grandes distancias que, fatigados, muchos querían que su viaje terminara. Quienes llegaron a Chapultepec eran ya los bisnietos de aquellos hombres y mujeres que habían salido de Aztlan.

Copil, el hijo de Malinalxóchitl, que buscaba a los mexicas para vengar el daño que su madre había sufrido, encontró a Cuahutlequetzqui, no muy lejos de Chapultepec y lo retó a pelear con él. Se trabaron en un combate furioso cuerpo a cuerpo, pero Cuauhtlequetzqui era más fuerte que Copil y lo venció. Ahí mismo lo sacrificó, le abrió el pecho y le sacó el corazón, mismo que guardó entre sus ropas. Al volver a Chapultepec buscó a Tenoch, otro de los caudillos, y le contó todo lo que había ocurrido.

Tenoch observó con satisfacción el corazón de Copil. En seguida le ordenó a Cuauhtlequetzqui que fuera a una isla que se encontraba en la laguna y que enterrara ahí el corazón del enemigo, pero conforme hablaba, su voz se transformaba; era más ronca y pronunciaba cada palabra con lentitud y énfasis conforme le hacía una gran revelación.

Le dijo que cuando el corazón de Copil estuviera sepultado, de él nacería un *tenochtli*, un nopal que da tunas duras como la piedra, y que un día sobre aquel nopal se posaría un águila que abriría sus alas para recibir los rayos del Sol y estaría devorando una serpiente. Le dijo también que cuando apareciera esa imagen, se realizaría la promesa de Huitzilopochtli y entonces nunca desaparecería la fama ni la honra de México-Tenochtitlan. Los mexicas supieron cuál sería la señal del dios que les indicaría el sitio para establecerse definitivamente.

La dualidad

Los mexicas pensaban que el mundo estaba organizado con base en elementos contrarios como luz y oscuridad, frío y calor y llegaron así a la conclusión de que el dios creador era un dios dual, que al ser hombre y mujer al mismo tiempo le había sido posible a él solo crear todo el universo. También pensaron que todos los demás dioses vivían con un acompañante del sexo contrario, por ejemplo: Tláloc, dios de la lluvia, estaba con Chalchiuhtlicue; Quetzalcóatl, dios creador de los hombres, vivía con Quilaztli; Mictlantecuhtli, el señor de la región de los muertos, habitaba con Mictlacihuatl. Esta idea del mundo fue muy importante cuando encontraron al águila devorando una serpiente. El águila, que representaba la parte superior del universo, a través del acto de comer, entraba en relación con la serpiente que representaba la parte inferior del universo. Así, la relación de ambos animales significaba que en ese sitio el arriba y el abajo del universo se unían y ahí estaba su centro.

Después de 20 años de haber llegado a Chapultepec, la presencia de los mexicas aún despertaba sospechas y enojo en muchos habitantes de la región.
Los de Chalco y los de otras ciudades decidieron cercar el lugar donde estaban asentados. Su intención era expulsarlos de aquel sitio. Era el año 2 caña del antiguo calendario.

Un día muy temprano
sonaron los caracoles y grandes
tambores llamados *huehues*,
en lo alto de los templos de Chalco
y de otras ciudades del valle.
Era la convocatoria para la guerra.
Los hombres se reunieron y
se ordenaron según las indicaciones
de sus gobernantes, con el deseo de
mantener la región libre de intrusos,
y se dirigieron hacia Chapultepec.

Primero salieron quienes debían ir a pie, pues tardarían más tiempo en llegar. Después comenzaron a avanzar los que irían en canoas por el lago. Algunos llevaban escudos, un lanzadardos con una buena provisión de cargas.
Otros, grandes macanas con filosas hojas de obsidiana insertadas a cada lado.
Todos ellos mostraban en sus rostros y en sus movimientos el valor que los animaba para la batalla.

LA MACANA

La palabra *macana* fue traída de las islas del Caribe por los españoles que vinieron a la Conquista. Con ese término nombraron a una arma que los mexicas llamaban *macuahuitl*. Se trataba de un trozo largo de madera dura que tenía incrustadas navajas de obsidiana. En Mesoamérica no había acero y la obsidiana, cuyas hojas finas suelen tener mucho filo, era un material cortante muy apreciado. Los mexicas llegaron a ser muy diestros en el manejo de las macanas. Se han encontrado cráneos de origen prehispánico con huellas de heridas producidas por las hojas de obsidiana de estas armas. Incluso, en algunos casos, es posible observar un trozo de obsidiana incrustado en un hueso.

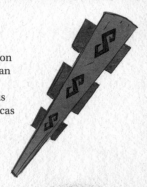

Los guerreros de Chalco llegaron a Chapultepec y sitiaron a los mexicas. En las antiguas crónicas cuentan que las mujeres y los niños no cesaban de llorar ante el peligro que los amenazaba. Los mexicas, con las escasas armas que tenían, trataron de hacer frente a quienes los atacaban. Todo fue en vano. Los enemigos eran más y estaban mejor armados.

En el códice llamado la *Tira de la peregrinación* es posible observar a los vencedores de esta guerra tomando por el cabello a algunos mexicas. Esa era la manera de representar la derrota de un pueblo.

Después de su derrota, los mexicas no podían seguir viviendo en Chapultepec. Achitómetl, quien gobernaba Culhuacan, les ofreció un sitio donde habitar en las cercanías de su ciudad. Ese sitio se llamaba Tizapan y en él había una gran cantidad de serpientes. La intención de Achitómetl era que aquellas serpientes los mordieran y murieran víctimas del veneno.

El señor de Culhuacan esperó un tiempo antes de ir a ver cómo las serpientes habían acabado con los mexicas. Cuando se acercó cautelosamente a aquel lugar su sorpresa fue enorme porque los encontró sanos y asando la carne de aquellos reptiles.

Poco tiempo después, Huitzilopochtli ordenó a los mexicas acudir al palacio de Achitómetl para pedirle a su hija la princesa, prometiéndole que le rendirían honores como se merecía. Achitómetl accedió y los mexicas llevaron a la princesa hasta Tizapan. Cuando llegaron, Huitzilopochtli les ordenó sacrificarla, desollarla, vestir con su piel a un sacerdote e invitar a Achitómetl para que fuera a rendirle culto como a una diosa.

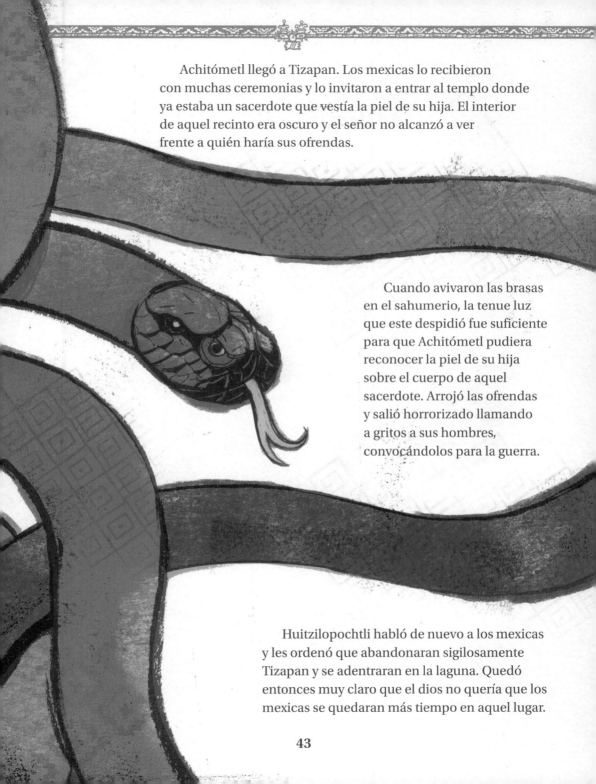

Achitómetl llegó a Tizapan. Los mexicas lo recibieron con muchas ceremonias y lo invitaron a entrar al templo donde ya estaba un sacerdote que vestía la piel de su hija. El interior de aquel recinto era oscuro y el señor no alcanzó a ver frente a quién haría sus ofrendas.

Cuando avivaron las brasas en el sahumerio, la tenue luz que este despidió fue suficiente para que Achitómetl pudiera reconocer la piel de su hija sobre el cuerpo de aquel sacerdote. Arrojó las ofrendas y salió horrorizado llamando a gritos a sus hombres, convocándolos para la guerra.

Huitzilopochtli habló de nuevo a los mexicas y les ordenó que abandonaran sigilosamente Tizapan y se adentraran en la laguna. Quedó entonces muy claro que el dios no quería que los mexicas se quedaran más tiempo en aquel lugar.

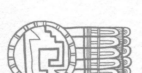

La ciudad prometida

LOS MEXICAS, GUIADOS POR HUITZILOPOCHTLI, NAVEGARON POR LA LAGUNA
HASTA DAR CON UNA ISLA QUE ESTABA DESHABITADA. SE DETUVIERON
EN ELLA SIN SABER QUE HABÍAN LLEGADO AL DESTINO QUE SU DIOS LES HABÍA
PROMETIDO. POCO A POCO COMENZARON A OCURRIR COSAS MARAVILLOSAS
QUE LES FUERON MOSTRANDO QUE HABÍAN LLEGADO AL FINAL DE SU CAMINO.

Una mañana, dos sacerdotes que recorrían aquellos parajes llegaron
a un claro entre los tules y las cañas que llenaban la isla. Ahí pudieron
ver un ahuehuete de cuyas raíces brotaba una fuente. El agua era de dos colores:
roja y azul. Aquel portento los sorprendió. Se alejaron del lugar con la seguridad
de que estaba próximo el momento en que aparecería la señal que les indicaría
el sitio donde debían establecerse.

Al día siguiente por la mañana, regresaron para ver de nuevo aquel ahuehuete y la fuente que salía de sus raíces. En su lugar encontraron "un nopal de aquellos que llamaban tenochtli, que significa que las tunas que daba eran duras como la piedra. Sobre este nopal, un águila extendía sus alas, recibiendo los tibios rayos del Sol, mientras devoraba una serpiente". Era la señal que durante todo el tiempo de su migración habían esperado, de acuerdo con las palabras pronunciadas por Tenoch, aquél día en Chapultepec.

45

Una parte de la promesa de Huitzilopochtli había sido
cumplida. Faltaba entonces la otra parte: la sumisión
de los pueblos de los cuatro rumbos del mundo y las riquezas
que recibirían como tributos. Entonces, los mexicas se dispusieron
a fundar la ciudad. El lugar donde habían encontrado
el águila devorando a la serpiente fue destinado
para erigir el recinto sagrado en el que se construiría
el gran templo para Huitzilopochtli y los templos
para las demás deidades.

LOS DIOSES MEXICAS

En la religión de los mexicas había
muchos dioses, todos ellos venerados
con ritos muy diversos. En cada hogar,
muy temprano se aseaba la casa
y se ofrecía fuego y alimentos
a los dioses protectores de la familia,
que estaban en el altar doméstico.
Los principales dioses a los que se les
rendía culto en las grandes fiestas eran
Tezcatlipoca, "el espejo que humea",
también llamado Titlacahuan, aquel
del que "somos sus vasallos",
que era considerado el dios del que
provenían todas las cosas buenas.
También veneraban a Tláloc, de quien
dependía la llegada oportuna de las
lluvias, tan necesarias para que
el maíz creciera y produjera muchos
granos. Quetzalcóatl era el dios del
viento y el ancestro de los gobernantes.
Huitzilopochtli era el dios más
venerado por los mexicas, pues era
su protector y la divinidad de la guerra.
Además de estas deidades, a las que
todo el pueblo rendía culto, existían
los dioses propios de cada calpulli.

A este lugar sagrado lo llamaron México-Tenochtitlan. A partir de su centro, se trazaron cuatro calles anchas y rectas hacia cada uno de los rumbos del universo: el norte, el este, el sur y el oeste. Así, los terrenos donde se levantaría la ciudad quedaron divididos en cuatro grandes barrios, o *campa*, como les llamaron en náhuatl. Al del noreste le llamaron Atzacualco, el del sureste fue nombrado Teopan, al del suroeste se le llamó Moyotlan y, finalmente, el del rumbo del noroeste fue nombrado Cuepopan. En esos cuatro campa se debían instalar los calpulli.

EL COSMOS SEGÚN LOS MEXICAS

Para los mexicas el universo estaba formado por dos grandes secciones que a su vez se conformaban de varios niveles. La parte de arriba era cálida, seca y la relacionaban con lo masculino. La parte de abajo era húmeda, fría y estaba vinculada con lo femenino. La parte superior tenía nueve cielos en los que habitaban la Luna, las tempestades, las estrellas, el Sol y los dioses. El nivel más elevado era la casa del supremo dios dual, Ometéotl, que era hombre y mujer a la vez. La parte inferior estaba formada también por nueve niveles. Había uno en el que dos montañas chocaban continuamente, otro en el que vivía una lagartija, otro en el que el viento frío cortaba como navajas. Cuando alguien moría, debía pasar por todos esos niveles para llegar al más profundo, donde se encontraba el dios de la muerte, llamado Mictlantecuhtli. Ahí, el alma se volvía colibrí y regresaba a la superficie de la tierra para disfrutar del néctar de las flores. En la parte de en medio, entre la superior y la inferior, estaba la superficie de la Tierra, *tlalticpac*, donde habitaban los seres humanos. En esta región había cinco rumbos; uno hacia cada punto cardinal y un quinto que iba de abajo hacia arriba y cruzaba por el centro.

47

Hubo entre los calpulli que fundaron la ciudad algunos que no estuvieron conformes con la distribución de las tierras y decidieron separarse. No fueron muy lejos y se instalaron en un islote cercano llamado Tlatelolco. Fundaron ahí su ciudad y también la llamaron México, pero para diferenciarla de la otra, agregaron a ese nombre el de Tlatelolco. Así, a partir de entonces hubo en el centro del lago, que comenzaba a llamarse lago de México, dos ciudades gemelas: México-Tenochtitlan y México-Tlatelolco.

TLATELOLCO, CIUDAD SEPARADA

Las "Indias de la Nueva España" era uno de los nombres que recibía la región que hoy es México. El término *Indias* se origina cuando Colón tocó tierra en América y pensó que las tierras donde desembarcaba eran parte de la India. Las "Islas de la Tierra Firme" es una manera de nombrar a las islas del lago de México, pues éste se encontraba en tierra firme.

Fue ahí donde algunos de los viejos y ancianos, quienes se sentían menospreciados, comenzaron a buscar un lugar donde asentarse. Así encontraron Xaltelulli, al que después llamaron Tlatilulco.

Aquellos islotes se encontraban dentro
del territorio del señorío de Azcapotzalco,
gobernado por el poderoso Tezozómoc, quien
de inmediato exigió a los recién llegados
el pago de tributos. Durante aquellos años
la vida para los mexicas fue muy difícil, pues
a la pobreza del lugar se agregó la obligación
de pagar los tributos que les impusieron.

49

El islote donde fue fundada México-Tenochtitlan no tenía muchos árboles de donde obtener madera ni canteras para extraer piedra. Sin estos materiales los mexicas no podían levantar los templos para honrar a sus deidades ni las casas para habitar ni las chinampas para sembrar lo indispensable para comer. Los únicos recursos con los que contaban eran los productos de la laguna: pescado, aves acuáticas, insectos y algunas plantas.

Decidieron entonces comerciar. Cada vez que se hacía tianguis en Azcapotzalco, acudían llevando lo que lograban extraer de la laguna y lo intercambiaban por los productos que les hacían falta, entre los que se contaba la madera y la piedra.

Poco a poco la ciudad fue creciendo. Entre sus edificaciones destacaba el gran templo en cuya cúspide había dos adoratorios, uno dedicado a Huitzilopochtli y el otro a Tláloc, dios de la lluvia. Era posible ver también alrededor del templo las casas de los pobladores más importantes. La isla parecía haber crecido, pues en sus orillas se habían construido muchas chinampas en las que se sembraban maíz, frijol, calabaza y chile.

EL TIANGUIS

La palabra *tianguis* viene del término náhuatl *tianquizti* que significa mercado. Antes de la llegada de los españoles, cada determinado tiempo, en las ciudades y en los pueblos más importantes se ponía un tianguis. Hernán Cortés escribió al rey de España las llamadas *Cartas de relación* en las que le narraba los avances de la Conquista. En la segunda de esas cartas el conquistador hace una descripción muy cuidadosa de la ciudad de México. El mercado llamó tanto su atención que dedicó un espacio para describir todo lo que veía. Esta es una parte de esa descripción: "Tiene esta ciudad muchas plazas donde hay continuo mercado y trato de comprar y vender. Tiene otra plaza [...] toda cercada de portales alrededor, donde hay cotidianamente arriba de 70 mil almas comprando y vendiendo [...] hay todo género de mercaderías que en todas las tierras se hallan: joyas de oro y plata, [...] de huesos, de conchas, de caracoles y de plumas [...]. Véndese cal, piedra labrada [...], adobes, ladrilo, madera. Hay calle [...] donde venden todos los linajes de aves que hay en la tierra [...]; y de algunas de estas aves de rapiña, venden los cueros, con su pluma y cabezas y pico y uñas. Venden conejos, liebres, venados y perros pequeños que crían para comer [...]. Hay calle de herbolarios, donde venden todas las raíces y hierbas medicinales que en la tierra se hallan. Hay casas de boticarios donde se venden las medicinas hechas [...]. Hay casas como de barberos [...]. Hay todas las maneras de verduras que se hallan [...], hay frutas de muchas maneras [...]. Venden miel de abeja y cera [...]. Hay a vender muchas maneras de hilados de algodón, de todos colores [...]. Venden colores para pintores [...]. Venden cueros de venado con pelo y sin él. Venden mucha loza [...]. Finalmente, que en dichos mercados se venden todas cuantas cosas se hallan en toda la Tierra."

Durante su migración, los mexicas habían sido gobernados por caudillos militares. Después de fundada su ciudad, los jefes de los calpullis vieron que era el momento de tener un *tlahtoani* por gobernante. Para ello discutieron entre sí y decidieron que quien debía gobernarlos era el noble culhuacano Acamapichtli, hijo del señor de aquel señorío y descendiente de mexicas por el lado de su madre.

Fueron a Culhuacan y hablaron con el gobernante culhuacano solicitándole a su hijo para hacerlo su señor. La respuesta fue afirmativa y regresaron a México-Tenochtitlan.

Por primera vez en su historia los mexicas se dieron a la tarea de preparar la entronización de un *tlahtoani*. Era una tarea complicada pues debían realizarse una serie de ritos que tenían como finalidad que los dioses depositaran en el nuevo gobernante el poder y la autoridad necesarios para ejercer su cargo con dignidad.

Los *TLAHTOQUE*

Los antiguos mexicanos llamaban a sus gobernantes *tlahtoque*. En náhuatl es el plural de *tlahtoani*, que significa "el que habla". Para los antiguos mexicas el *tlahtoani* era el personaje más importante de la sociedad, era quien daba órdenes y dictaba normas. Este derecho le venía del dios supremo, a través de los ritos que se llevaban a cabo cuando tomaba el poder. Después de hacer penitencia durante varios días, recibía la autoridad para gobernar cuando dos *tlahtoque* le perforaban la nariz con una garra de águila y una garra de ocelote. Este rito significaba que desde ese momento su poder era divino. El águila simbolizaba a Ometecuhtli, el Señor Dos, y el ocelote a Omecíhuatl, la Señora Dos. Ambas deidades formaban una sola que era la dualidad divina, masculina y femenina al mismo tiempo, llamada Ometéotl, el Dios Dual, el más importante de todos los dioses. Después de ese rito la gente estaba segura de que el nuevo gobernante era los ojos, los oídos y el rostro del dios.

En cuanto llegó Acamapichtli se le preparó para la ceremonia. Aunque rodeados de pobreza, los mexicas hicieron de la entronización de su primer tlahtoani una celebración digna. A ella estuvieron invitados los señores de Culhuacan, Tetzcoco y Azcapotzalco para participar en los festejos.

El reinado de este primer tlahtoani se desarrolló en medio de la pobreza. Con sacrificios, los mexicas habían logrado construir un templo digno para su dios y una morada para su gobernante. Cuando murió Acamapichtli, eligieron como su sucesor a uno de sus hijos, Huitzilihuitl.

Todo indicaba que los mexicas seguirían siendo uno
de los señoríos más pobres del valle de México. Sin embargo,
su nuevo señor logró contraer nupcias con una hija
de Tezozómoc, el señor de Azcapotzalco, señorío al que
pertenecía el islote donde los mexicas habían fundado su ciudad
y al que debían pagar tributos. Al primer hijo de este matrimonio
le llamaron Chimalpopoca y fue muy querido por su abuelo.
Todo parecía indicar que esta relación sería muy benéfica
para los mexicas, pues Tezozómoc seguía siendo
el señor más poderoso del valle de México.

Cuando Chimalpopoca
tenía apenas 10 años de edad,
su padre, Huitzilihuitl murió
dejando vacante el trono tenochca.
Los mexicas decidieron que
Chimalpopoca debía ocupar
el trono del gobernante muerto.
Se hicieron los preparativos
para entronizar al niño y convertirlo
en tlahtoani mexica.

En México-Tenochtitlan faltaba el agua potable. Los mexicas sabían bien que
en los dominios de Azcapotzalco estaba Chapultepec y que ahí había una fuente
de donde brotaba agua limpia. Le rogaron entonces al pequeño Chimalpopoca
pidiera permiso a su abuelo Tezozómoc para construir un acueducto desde
Chapultepec hasta Tenochtitlan. En cuanto su abuelo escuchó la solicitud,
lo consultó con los nobles de Azcapotzalco y dio su autorización.

Los mexicas iniciaron la construcción del anhelado acueducto con materiales que no eran resistentes; en cuanto comenzó a correr el agua, las paredes de aquel canal se deshicieron y el líquido se derramó. Los habitantes de Tenochtitlan decidieron acudir una vez más a Azcapotzalco para solicitar ayuda.
Esta vez les pidieron piedra y madera para hacer una obra más sólida, además de mano de obra para llevarla a buen término.

Esta solicitud les pareció a los azcapotzalcas exagerada y ofensiva, pues ellos eran los señores de las tierras en las que los mexicas habían fundado su ciudad. Entonces, los de Azcapotzalco pusieron centinelas a las orillas del lago para que ninguna embarcación mexica pudiera acercarse y cerraron todo camino por el que pudieran llegar los de México a tierras de Azcapotzalco.

El enojo contra los mexicas y contra su señor Chimalpopoca crecía día a día. El anciano rey Tezozómoc se dio cuenta del peligro que corría su nieto, y su aflicción fue tan grande que al poco tiempo murió.

Sin la presencia del abuelo Tezozómoc, los azcapotzalcas decidieron llevar a cabo sus planes para asesinar al joven Chimalpopoca. Una noche, sin que los guardias del palacio lo notaran, entraron unos hombres armados hasta sus habitaciones.

Aprovechando que el tlahtoani estaba tranquilamente dormido, lo mataron con los cuchillos de pedernal que habían escondido entre sus ropas. Después de concluida su misión, abandonaron el palacio sin que nadie se diera cuenta. A la mañana siguiente, cuando los criados fueron a despertarlo, descubrieron su cadáver ensangrentado.

Los mexicas quisieron vengar la muerte de su señor, pero antes prefirieron elegir a quien debía ocupar el trono que Chimalpopoca había dejado vacío. Se reunieron y discutieron entre ellos para ponerse finalmente de acuerdo. El nuevo tlahtoani debía ser Itzcóatl, un joven guerrero muy valiente. Era medio hermano de Huitzilihuitl y por tanto tío de Chimalpopoca. Esta elección no pudo ser mejor, pues Itzcóatl por ser hijo de Acamapichtli tenía sangre culhuacana, y su hermana no hacía mucho se había casado con el señor de Tetzcoco.

Una vez más los mexicas prepararon todo lo necesario para que su nuevo tlahtoani recibiera el poder que sólo venía del dios supremo. Cuando Itzcóatl tuvo toda la autoridad como gobernante, creó el cargo de *cihuacóatl*. Nunca antes había existido un cargo similar entre los mexicas.

Su importancia era mayor que todos los cargos que ya existían en la administración del señorío. Entre sus funciones estaba aconsejar continuamente al señor, ser su representante y dirigir los ejércitos cuando él no podía hacerlo. Itzcóatl nombró a un pariente suyo de nombre Tlacaelel, quien jugaría un papel muy importante en los acontecimientos que siguieron.

Con Itzcóatl, los mexicas estaban listos para vengar el asesinato del joven Chimalpopoca. No esperaron mucho tiempo para, con la ayuda de Tlacaelel, iniciar los preparativos de la guerra. De esta batalla los azcapotzalcas resultaron vencidos y se sometieron a los de México. Sin embargo, la guerra apenas comenzaba.

El tlahtoani de Coyoacan, llamado Maxtla, acudió a Azcapotzalco para convencerlos de hacer de nuevo la guerra a los mexicas y sacudirse el yugo que les acababan de imponer. Maxtla trató de convencer a los señores de Tetzcoco, Mizquic, Chalco y otras ciudades para que se unieran a la lucha que además les traería muchos beneficios. La respuesta de todos fue que México-Tenochtitlan era un señorío fuerte, sus hombres eran valientes y su dios poderoso y esto los hacía invencibles. Al final, Maxtla decidió hacerlo él solo.

Ante la guerra que se avecinaba, los de México-Tenochtitlan buscaban hacer alianzas valiosas con los demás señoríos del valle que tenían algún resentimiento contra Azcapotzalco.

En Azcapotzalco había serios problemas políticos y a la muerte de Tezozómoc, su hijo Tayatzin asumió el poder. Maxtla no estuvo nunca de acuerdo y decidió matar a su hermano y apoderarse del trono. Se convirtió en un gobernante ilegítimo, y Azcapotzalco se alejó aún más de los señoríos de valle. Los azcapotzalcas, sin aliados y debilitados por la derrota que ya habían sufrido manos de los mexicas, se vieron rodeados por ejércitos enemigos. Murió Maxtla y así se derrumbó definitivamente el poder del señorío más importante del valle de México.

A partir de entonces aquellos que habitaban la isla en medio del lago serían temidos y respetados. Quienes habían llegado gracias al trabajo continuo, a su disciplina y a su valor, finalmente, habían vencido.

LA GRANDEZA DE
MÉXICO-TENOCHTITLAN

"Rodeada de círculos de jades
    perdura la ciudad,
irradiando reflejos verdes como
el quetzal México permanece aquí.
Junto a ella es el regreso
    de los príncipes:
niebla rosada sobre todos se extiende,
¡Es tu casa, autor de la vida,
aquí imperas tú: en Anáhuac se oye
    tu canto sobre todos se extiende.
De blancos sauces, de blancas
    espadañas es México la mansión.
Tú como garza azul vienes volando,
    tú eres el dios.
Sobre ella tú abres tus alas,
    arreglas tu cola: son tus vasallos:
en todas partes tú imperas
    desde México."

Ángel María Garibay K, (trad.) *Poesía náhuatl.*

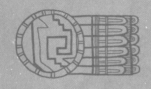

El principio de la gloria

CON LA DERROTA DE LOS DE AZCAPOTZALCO, LA TRIPLE ALIANZA
QUE HASTA ENTONCES HABÍA EXISTIDO SE DISOLVIÓ.
LOS PRINCIPALES SEÑORÍOS DE LA REGIÓN SE ENFRENTARON
CON LA NECESIDAD DE VOLVER A HACER LOS PACTOS NECESARIOS
PARA ESTABLECER UNA NUEVA ALIANZA.

Tetzcoco representaba ya una gran fuerza política. Era un señorío sólido que había sufrido también los ataques de los azcapotzalcas. Estos habían asesinado vilmente a Ixtlilxóchitl, señor que gobernaba Tetzcoco. El acto criminal fue presenciado por el joven Nezahualcóyotl, su hijo, quien aterrado vio aquella horrible escena desde la copa de un árbol.

Texcoco o Tetzcoco

Poco tiempo después de la Conquista española, la lengua náhuatl comenzó a escribirse con el abecedario latino. Esto facilitó los trámites legales, la imposición de tributos y la conservación de la historia antigua. Los sonidos nahuas que no existían en el español, y que no tenían un signo en el abecedario, fueron representados con combinación de letras. Así, nació la *tl*, que se pronuncia como un solo sonido, como en *tlalli*, tierra. También surgió la *ll*, que es una *l* larga, como en *calli*, casa. Lo mismo puede decirse del sonido *tz*. El término *Tetzcoco* aparece en las historias antiguas y en los códices para designar a la ciudad que ahora muchos nombran *Texcoco*. La letra *x* fue usada para representar el sonido náhuatl que reemplazaríamos con las letras *sh*, ya que así se pronuncia en español. Por eso cuando los europeos escucharon a los indígenas decir "Méshico", lo escribieron *México*. Con el paso del tiempo el sonido que correspondía a la *x* del español dejó de ser *sh*, para convertirse en *j*. Aunque escribimos México, pronunciamos Méjico.

Los azcapotzalcas deseaban a toda costa terminar con el señorío tetzcocano y se dieron a la tarea de perseguir al joven Nezahualcóyotl para matarlo. A pesar de todo, logró sobrevivir y asumió el trono. Estos episodios tan difíciles, lejos de debilitar el espíritu de los habitantes de ese señorío y el del joven príncipe, fueron una especie de inyección de ánimo patriótico para todos.

En el tiempo de la guerra de los mexicas contra los azcapotzalcas, el señorío culhuacano estaba en franca decadencia y muy debilitado.

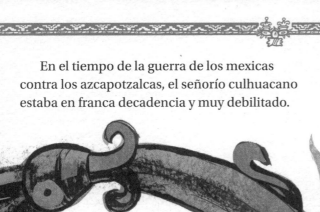

Hacía mucho tiempo había formado parte de una Triple Alianza encabezada por Tula, que en tiempos de su esplendor fue gobernada por un personaje mítico, un gran señor muy virtuoso y respetado, de nombre Ce Ácatl Topiltzin Quetzalcóatl. El señorío de Culhuacan siempre había estado orgulloso del pasado que lo vinculaba con tan poderoso y afamado señor.

Antes de haber sido vencido, Azcapotzalco era un señorío glorioso que tenía gran poder sobre los pueblos del valle. Tezozómoc, su último gobernante, había impuesto su autoridad por todas partes.

Itzcóatl, gobernante de México-Tenochtitlan y Tlacaelel, el cihuacóatl, debían reconstruir la Triple Alianza. Los dos personajes analizaron a los tres antiguos miembros de la coalición y decidieron que Tetzcoco debía permanecer. Culhuacan, aun con toda la tradición que tenía, era un señorío muy deteriorado. Había que buscar la manera de sustituirlo.

La mejor opción era que México-Tenochtitlan ocupara su lugar, porque era un señorío fuerte, y sus gobernantes tenían sangre culhuacana. En lugar de Azcapotzalco se decidió que entrara Tacuba, también señorío de tecpanecas. La nueva Triple Alianza quedó formada por Tetzcoco, Tacuba y México-Tenochtitlan.

La Triple Alianza

Cuando los aztecas llegaron al valle de México ya había una alianza formada por Culhuacan, Azcapotzalco y Tetzcoco. Las alianzas se pactaban para asegurarse una ayuda efectiva en las guerras de conquista como de defensa. Posteriormente, la alianza formada por México-Tenochtitlan, Tetzcoco y Tacuba facilitó las campañas de conquista y los dominios logrados se extendieron por toda Mesoamérica. Cuando obtenían la victoria, dividían los productos de la guerra. Al final, debieron enfrentar a los españoles que atacaban su ciudad. Nunca antes habían tenido necesidad de defenderse contra invasor alguno. Esta inexperiencia podría explicar, en parte, la derrota.

Desde el inicio de la migración, el calpulli de Huitzilopochtli adquirió gran fuerza debido a que su dios fue guía de la migración, y les había prometido llevarlos al lugar donde fundarían su ciudad. Era un dios fuerte y también su calpulli. El primer tlahtoani que eligieron, Acamapichtli, además de descender de los culhuacanos por el lado de su madre, pertenecía al calpulli de Huitzilopochtli.

SUCESIÓN DE LOS TLAHTOQUE MEXICAS

Esta fue la sucesión de los tlahtoque que gobernaron
México-Tenochtitlan:

Acamapichtli de 1375 a 1391

Huitzilihuitl, hijo de Acamapichtli, de 1391 a 1414

Chimalpopoca, hijo de Huitzilihuitl, de 1415 a 1427

Itzcóatl, hijo de Acamapichtli, de 1427 a 1440

Moctezuma Ilhuicamina, hijo de Huitzilihuitl,
de 1440 a 1468

Axayácatl, nieto de Itzcóatl, de 1469 a 1481

Tizoc, hermano nieto de Itzcóatl, de 1481 a 1486

Ahuitzotl, nieto de Itzcóatl, de 1486 a 1502

Moctezuma Xocoyótzin, hijo de Axayácatl,
de 1503 a 1520

Cuitláhuac, hijo de Axayácatl, de 1520 a 1521

Cuauhtémoc, hijo de Ahuitzotl, de 1521 a 1525

La sucesión de los *tlahtoque* en Tenochtitlan
no fue siempre de padres a hijos.

Todos los gobernantes que le sucedieron
formaban parte de ese mismo grupo. Fue
también ese calpulli el que promovió la guerra
contra Azcapotzalco. De entre sus miembros
surgieron los capitanes que dirigieron a
los mexicas en las batallas. A ellos más que
a nadie les correspondía la victoria.

65

Sin duda, todo lo que había ocurrido antes de la guerra, pero sobre todo los resultados de esa contienda, dotaron al calpulli de Huitzilopochtli de una fuerza inmensa. Restaba afianzarla. Asegurarse de que los calpullis que habitaban la ciudad serían sus vasallos de manera definitiva. Para lograrlo decidieron destruir los antiguos códices donde los calpullis guardaban sus historias y así arrebatarles su independencia.

Itzcóatl y Tlacaelel ordenaron reunir esos códices y cuando los tuvieron enfrente, hablaron. Dijeron que en esos registros había muchas mentiras y falsedades, que no era posible conservarlos y que ordenaban se les prendiera fuego. El papel de amate de aquellos documentos ardió muy rápido. Cuando el fuego se apagó los mexicas vieron que de sus historias quedaban solamente las cenizas.

A partir de ese día todos los habitantes de la ciudad, fueran del calpulli que fueran, solo tendrían como única historia la del calpulli de Huitzilopochtli. Esto significaba que habían perdido su memoria y se les habían impuesto otros recuerdos. En la nueva historia había episodios en los que percibían solamente fragmentos de su pasado y por consiguiente, todos aquellos calpullis perdieron su identidad.

La nueva historia narraba el pasado según el recuerdo de los que veneraban a Huitzilopochtli. Este grupo supo aprovechar esos relatos para convencer a los demás de que precisamente ellos debían gobernar. El poder de unos cuantos sobre todos los demás quedó muy bien fincado, y perduraría por casi 100 años.

¿Dónde están los antiguos códices?

Después de la conquista, el destino de los códices que quedaban fue incierto. Estos documentos eran para algunos conquistadores piezas raras y atractivas. Por eso enviaron algunos a España como regalo para los reyes. En otras ocasiones, los consideraron obra del demonio y los quemaron. Los que han llegado hasta nuestros días se encuentran resguardados en bibliotecas tanto mexicanas como extranjeras. Todos esos códices se encuentran muy bien cuidados y son estudiados por especialistas de todo el mundo. Algunos de los países que los conservan son México, Francia, España, Inglaterra, Alemania, Austria e Italia.

Después de la guerra, Itzcóatl repartió entre los mexicanos tierras que habían pertenecido al señorío de Coyoacan, como parte de los beneficios que la guerra había dejado. Eran tierras fértiles que estaban en la ribera del lago. Lo que en ellas se podía producir era más de lo que lograban obtener de las chinampas alrededor de su ciudad.

Muy cerca de Coyoacan se encontraba el señorío de Xochimilco. Era un señorío rico situado en la ribera de los lagos que estaban al sur del valle de México. Se producían muchos alimentos: maíz, frijol, chile, calabazas, quelites. Además, de las faldas de los cerros cercanos era posible obtener madera, leña y piedra.

Los gobernantes de Xochimilco, cuando vieron lo que había ocurrido en Coyoacan, temieron que les sucediera lo mismo y comenzaron a conspirar contra los mexicas. Querían defender sus tierras para conservarlas y tener seguro su sustento.

Entonces los de México necesitaron madera y piedra para hacer mejoras en el templo de su dios y fueron a Xochimilco a pedir esos materiales, como era su costumbre desde hacía mucho. Los xochimilcas, de mala manera, negaron la ayuda. Cuando lo supo Itzcóatl, se extrañó mucho.

Poco después, los de Xochimilco atacaron a unos mercaderes mexicas que venían de la región de Cuernavaca. Los insultaron, los golpearon y les robaron las cargas de algodón que llevaban. Cuando aquellos mercaderes, maltratados y golpeados llegaron a México, fueron a ver a Itzcóatl y le relataron lo que les había ocurrido. Eso bastó para que en el corazón del tlahtoani naciera el disgusto y entre los mexicas surgiera el ánimo de vengar la agresión.

Los mexicas eran valientes y experimentados en la guerra. Sabían manejar con gran destreza el lanzadardos y la macana para atacar al enemigo. También sabían cómo maniobrar la rodela o escudo para defenderse. Entonces, marcharon llenos de furia hacia Xochimilco. Al frente del ejército iba Tlacaelel. Dicen las historias antiguas que los penachos adornados de oro y de grandes plumas brillaban bajo el Sol.

Cuando llegaron a la región de Xochimilco, la lucha se inició. Una vez más los mexicas dieron muestra de todos sus atributos y ganaron la guerra. Los señores de Xochimilco, cuando vieron todo perdido, salieron al encuentro de Tlacaelel y sus capitanes rogándoles que cesara la guerra, dándose por vencidos.

La rodela

Rodela es una palabra española. Con ella los conquistadores nombraron al objeto que los mexicas llamaban *chimalli*, por su forma redonda. Se trataba del escudo que usaban los soldados indígenas para defenderse de los dardos y los golpes de macana, *macuahuitl*, con los que sus enemigos los atacaban. Generalmente eran de cuero curtido sobre un armazón de carrizos. Los grandes señores solían llevar rodelas con adornos de plumas finas que figuraban animales o motivos geométricos.

Como resultado de esa victoria, los xochimilcas se comprometieron a pagar tributos a México y a enviar hombres para que construyeran la calzada que uniría a México-Tenochtitlan con las ciudades del sur. Así, con esta victoria, los mexicas se aseguraban dos cosas: primero, un camino a través de la laguna hacía la ribera más lejana del lago; segundo, la seguridad en el abastecimiento de muchos productos que salían de los campos ubicados al sur del valle.

LOS TRIBUTOS

La Triple Alianza imponía tributos a las provincias que conquistaba que consistían en cantidades fijas de productos que cada determinado tiempo debían pagar. La mayor parte de esos tributos eran para México-Tenochtitlan y el resto lo dividían entre Tetzcoco y Tacuba. Las provincias cercanas pagaban maíz, fríjol, chiles, pues estos productos podían ser transportados en poco tiempo por los llamados *tamemes*. De provincias lejanas llegaban productos finos como plumas, piedras preciosas, cacao y piezas de cerámica, entre otras cosas. En la administración había especialistas en asuntos tributarios. Eran los llamados *calpixque*, plural de *calpixqui*, que significa "el que cuida la casa". El maíz y el frijol se guardaban en los graneros y llegaron a ser repartidos entre la población cuando las cosechas no eran buenas. Los objetos finos también se guardaban y servían para que el tlahtoani los regalara a personas distinguidas o los pusiera en manos de los comerciantes para venderlos en los mercados. Con la imposición de tributos, la Triple Alianza dejaba en claro su posición dominante e impedía que las regiones sujetas acumularan riquezas que un día les permitieran hacerle frente y liberarse.

No muy lejos de Xochimilco, se encontraba
otro señorío llamado Cuitláhuac, al que
hoy se le conoce con el nombre de Tláhuac.
Su señor, además de no estimar a los de México,
era famoso por ser valiente en la guerra.

Cuando la fiesta de
Huitzilopochtli estaba próxima,
los mexicanos fueron a ver al
señor de Cuitláhuac. Le dijeron
que Itzcóatl lo invitaba a asistir
a la gran fiesta que preparaban
en honor a la deidad. También
le dijeron que debía llevar
a las hijas de todos los nobles
para que bailaran y cantaran a
su dios. Esa invitación irritó
al señor de Cuitláhuac y
respondió que las mujeres
de su señorío no irían a bailar
ante ningún dios.

Cuando Itzcóatl y Tlacaelel conocieron la respuesta montaron
en cólera y se dispusieron otra vez para la guerra. En seguida todo estuvo
dispuesto y tomaron camino hacia Cuitláhuac. Llegaron hasta las cercanías de
la ciudad y comenzó una batalla encarnizada. Poco a poco, los de Cuitláhuac
se replegaron, cuando vieron que los mexicas seguían avanzando se dieron por
vencidos. Reconocieron la victoria de México sobre ellos y se convirtieron también
en tributarios de aquel señorío que comenzaba a apoderarse del valle.

Después de esta guerra, Itzcóatl enfermó. No hubo remedio que le devolviera la salud y murió tras haber conducido a México-Tenochtitlan a una situación distinta de aquella que tenía cuando había llegado al trono, eran libres, su señorío era parte de la Triple Alianza del valle de México y habían conquistado tres señoríos del sur. Estaban seguros de que su dios había comenzado a cumplir su promesa.

Las ceremonias funerarias fueron lujosas y el tlahtoani muerto fue llorado por todos los mexicanos. Se dijeron discursos en los que se expresaba la inmensa tristeza que causaba al pueblo la muerte de su señor. En alguno de esos discursos se decía que con la muerte de Itzcóatl se había apagado la luz que alumbraba a los mexicas. Las ceremonias funerarias incluían la incineración del cadáver del tlahtoani.

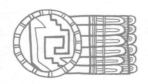

Más allá
de las montañas

CUANDO CONCLUYERON LOS FUNERALES DE ITZCÓATL, LOS ANCIANOS
DEBÍAN ELEGIR A SU SUCESOR. EN LA DECISIÓN, TODOS TENDRÍAN QUE ESTAR
DE ACUERDO. HABLARON ENTRE SÍ Y ACORDARON LAS VIRTUDES QUE DEBÍA
TENER EL NUEVO TLAHTOANI. HABÍA UN JOVEN GUERRERO A QUIEN TODOS
RECONOCÍAN POR SU VALOR DEMOSTRADO EN LA GUERRA Y LA VIDA ORDENADA
Y PRUDENTE QUE HABÍA LLEVADO, ASÍ COMO SU HONRADEZ Y LA JUSTICIA
QUE SIEMPRE LO GUIABAN. SE TRATABA DE MOCTEZUMA ILHUICAMINA.

Los ancianos tomaron su decisión y eligieron al nuevo tlahtoani.
Le informaron que había sido designado como el nuevo señor, él aceptó y se
iniciaron los preparativos para la ceremonia. Cuando todo estuvo listo, el joven
Moctezuma recibió, a través de las manos de los señores de Tetzcoco y Tacuba,
el poder legítimo que sólo venía del dios supremo.

74

Moctezuma dispuso que a partir de ese día nadie en el palacio podía usar sandalias, excepto él. Asimismo reglamentó el uso de adornos personales. Los pectorales, las orejeras y las narigueras fabricadas con los materiales más finos quedaban reservadas para su uso personal. Todos debían dirigirse a él mirando al piso en señal de absoluto respeto. Estas medidas que pueden parecer exageradas tenían como finalidad dejar en claro la grandeza de su persona y su carácter de representante de las divinidades.

El nuevo tlahtoani publicó otras normas para el gobierno de su reino como la formación de juzgados para impartir justicia de manera adecuada. Otras estaban relacionadas con la vida de los propios mexicas, por ejemplo, ordenó que en cada barrio hubiera escuelas para que nadie quedara sin instrucción. También dictó leyes muy severas para quienes asesinaban, robaban o cometían otros delitos contra la comunidad. Estas leyes dieron a Moctezuma un gran prestigio entre sus súbditos, quienes desde entonces lo respetaron y admiraron como a un buen gobernante.

Después de imponer estos mandatos, Moctezuma se dio a la tarea de continuar las conquistas que sus antecesores habían iniciado. Itzcóatl había conquistado y sujetado señoríos del sur del lago, muy importantes por la gran producción de comestibles. Ahora, Moctezuma buscaba extender los dominios mexicas más allá de las montañas que rodeaban el valle de México.

La conquista más importante que logró Moctezuma fue la de Oaxaca. Ocurrió que unos embajadores mexicanos que se dirigían a Coatzacoalcos atravesaron tierras de Oaxaca y fueron atacados por sus habitantes. Este acto fue considerado por México-Tenochtitlan como una grave afrenta a su ciudad y al poder divino de su gobernante. Los mexicas se dispusieron para la guerra y tomaron la ruta que llevaba a Oaxaca. Después de la batalla, la ciudad se rindió y los oaxaqueños prometieron tributos a México.

Durante el gobierno de Moctezuma, también los habitantes de Chalco dieron motivos para que los mexicas se disgustaran con ellos y atacaron su ciudad una y otra vez. Esta guerra fue muy larga y violenta y con la derrota de Chalco, Tenochtitlan logró el dominio total de los señoríos del sur del valle y así aseguró el suministro de productos agrícolas que esa zona producía en grandes cantidades.

México-Tenochtitlan obtuvo tantas victorias que los dominios tenochcas llegaban de costa a costa, desde lo que ahora llamamos el Golfo de México hasta el océano Pacífico.

La capital de los mexicas crecía y se embellecía. El templo dedicado a Huitzilopochtli se construyó más grande y más imponente. Las riquezas que llegaban a las arcas del tlahtoani eran muy abundantes y permitieron realizar las obras en el templo.

En el reinado de Moctezuma durante el año 1 Conejo, que en su calendario traía consigo el peligro del hambre, vino una sequía que duró tres años. Durante ese tiempo las tierras de las riberas y las chinampas dejaron de producir, y el hambre se extendió por el valle de México. Moctezuma abrió los graneros donde se guardaban las reservas del maíz que provenía de los tributos. Cuando estas se agotaron, muchos mexicanos, entre ellos algunos nobles, decidieron venderse como esclavos a cambio de maíz.

En Totonacapan, situado en el actual estado de Veracruz, la tierra era pródiga y sus habitantes, los totonacas, tenían mucho maíz. La huida de los mexicas que habían decidido venderse en aquella zona causó una gran tristeza a Moctezuma.

Pasado ese tiempo de hambre, el reino se encontraba en paz y abundancia, pero Moctezuma Ilhuicamina murió. Los funerales del tlahtoani fueron solemnes y los mexicanos mostraron el inmenso dolor que les causaba la muerte de su señor, quien había obtenido renombre y riquezas durante el tiempo que gobernó México-Tenchtitlan.

Otra vez los ancianos se reunieron para discutir quién debía dirigirlos y consideraron que Tlacaelel debía suceder a Moctezuma. Según ellos, reunía los atributos y la experiencia que le había dejado el cargo de cihuacóatl. Sin embargo, Tlacaelel no aceptó. Su intención era servir al imperio como hasta entonces lo había hecho. Luego, los ancianos fijaron la mirada en un nieto del tlahtoani Itzcóatl, de nombre Axayácatl para ser el nuevo tlahtoani de México-Tenochtitlan.

Igual que en las ocasiones anteriores, se dispusieron las ropas que tenía que vestir, las joyas que luciría y, por supuesto, la tiara de turquesas que debía ceñir su cabeza. Llegado el momento, se llevaron a cabo con toda exactitud y cuidado los ritos a través de los cuales Axayácatl quedó transformado en tlahtoani de México-Tenochtitlan.

LA TIARA

Se trata del tocado triangular por el frente con el que adornaban su cabeza los tlahtoque. En náhuatl le llamaban *copilli*. Era de color azul y estaba adornado de turquesas. Cuando un individuo ascendía al trono, se le colocaba la tiara que significaba la dignidad de su persona. No se ha conservado ninguno de estos objetos y solamente los conocemos por las representaciones en los códices.

Axayácatl se ocupaba del gobierno de México cuando sobrevino un grave conflicto con Tlatelolco. La situación era delicada, pues los tlatelolcas eran también mexicas. Habían salido de Aztlán, y formaron con los tenochcas un solo grupo durante la migración. Solamente se habían separado de ellos por no convenirles los terrenos que les fueron asignados durante la fundación de México.

Tenochcas y tlatelolcas habían tenido en apariencia buenas relaciones. Incluso una hermana de Axayácatl estaba casada con Moquihuix, señor de Tlatelolco. Pero Tlatelolco quería ser como Tenochtitlan y se preparaba con sigilo para la guerra.

Se dice que Moquihuix no quería a la hermana de Axayácatl, y en su lugar prefería a otras de sus esposas, más jóvenes. La hermana de Axayácatl conocía muy bien las maniobras bélicas con las que los tlatelolcas se preparaban para la guerra. Un poco por lealtad, otro poco por celos, acudió con su hermano y le contó todo.

Axayácatl mandó inmediatamente que se prepararan los hombres para la guerra. Los mexicas no necesitaron de ninguna maniobra ni entrenamiento, además, el enemigo era su vecino; bastaba con pasar un canal y estarían en territorio tlatelolca.

No tardaron mucho tiempo en llegar a la plaza que estaba enfrente del templo tlatelolca. Sabían que era el sitio más importante de la ciudad. Los tlatelolcas lo defendían con gran esfuerzo y los mexicas luchaban por apoderarse de él. Moquihuix murió en las escaleras del templo sin soltar su macana. Unas valientes mujeres defendieron el templo hasta que los mexicas se apoderaron de él.

No obstante haberles ganado la guerra, los mexicas no impusieron grandes tributos a los tlatelolcas ni les impidieron continuar con el comercio, y el mercado de Tlatelolco siguió siendo uno de los más importantes de la región. Ahora, a los mexicas ya no les quedaba más por conquistar en el valle de México.

Tenochtitlan continuaba
creciendo de forma admirable.
Aprovechaba cualquier ocasión
para llevar a cabo campañas
bélicas de las que siempre salía
victorioso, y podía extender
sus dominios y obtener
mayores tributos y riquezas.
Los tenochcas eran cada día
más respetados y temidos.

Por ese entonces, los de México respondieron con su ayuda a una llamada de socorro que les hicieron llegar los de Tenancingo, quienes continuamente eran hostigados por los matlatzincas de Toluca. El ejército de los tenochcas marchó sobre Toluca. Al frente de ellos iba el mismo Axayácatl. Sin duda la batalla fue feroz; los de Toluca se resistieron, incluso hirieron a Axayácatl. Ver a su señor en esas condiciones provocó en los mexicas un enojo tal que arremetieron con fuerza contra los enemigos. Ganaron la guerra y prendieron a muchísimos cautivos. Numerosos hombres fueron llevados a México donde se les sacrificó en el gran templo.

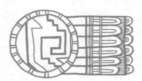

La historia
entre dos derrotas

En Michoacán estaba el gran señorío del Occidente,
el de los purépechas. Como era extenso y muy rico, despertó
la codicia de los mexicas que comenzaron a organizarse para realizar
una expedición de conquista hacia aquellas tierras. Pensaban que
tenían razón para hacer esta guerra porque los purépechas eran
sus parientes; eran aquellos a quienes durante la migración,
por indicaciones de Huitzilopochtli, habían dejado
bañándose en el lago de Pátzcuaro.

En esta campaña, los mexicas estaban apoyados tanto por Tetzcoco como por Tacuba y contaban con la ayuda de otros señoríos del sur del valle que estaban bajo su dominio. Axayácatl estaría al mando de todos. Michoacán estaba lejos y era un señorío poderoso, así que los preparativos fueron hechos con sumo cuidado.

Llegaron a Tajimaroa y ahí instalaron su
campamento con 20 mil hombres. Sin embargo,
los soldados purépechas sumaban 40 mil,
con lo que doblaban la fuerza de los mexicanos.

Los mexicas no pudieron siquiera penetrar al territorio de los michoacanos.
Ahí mismo, en Tajimaroa, su campamento fue atacado por el ejército purépecha.
Ni las macanas con hojas de obsidiana afiladas, los dardos de puntas agudas ni
la destreza en la lucha cuerpo a cuerpo fueron suficientes para combatir
a los de Michoacán. Los mexicas fueron vencidos. Entre sus hombres hubo
muchos muertos y gran cantidad de heridos.

Axáyacatl dio la orden para que sus hombres se retiraran.
Al mismo tiempo envió unos mensajeros a México para informar a
Tlacaelel de la derrota que habían sufrido. Sería la primera
vez que los mexicas regresaban vencidos a su ciudad.

Cuando el ejército llegó a México, todo estaba dispuesto
para realizar las honras fúnebres en honor de los desaparecidos.
El dolor y el duelo se extendieron por la ciudad entera.
Al poco tiempo murió Axayácatl y una vez más la ciudad
presenció los funerales de un tlahtoani y el proceso de elección
de uno nuevo.

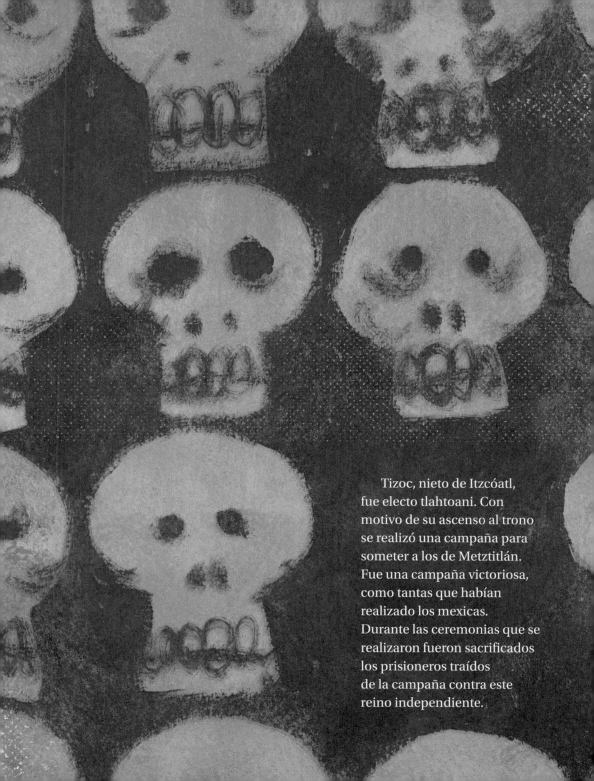

Tizoc, nieto de Itzcóatl,
fue electo tlahtoani. Con
motivo de su ascenso al trono
se realizó una campaña para
someter a los de Metztitlán.
Fue una campaña victoriosa,
como tantas que habían
realizado los mexicas.
Durante las ceremonias que se
realizaron fueron sacrificados
los prisioneros traídos
de la campaña contra este
reino independiente.

Desde su elección, Tizoc no dio muestras de ser hombre de gobierno. Nunca se distinguió por ser particularmente emprendedor. Incluso solía pasar mucho tiempo solo recluido en sus habitaciones. En suma, no era el hombre que México-Tenochtitlan requería para su gobierno. Nunca se sabrá cómo ocurrió su muerte. Existe la sospecha de que por no ser el hombre adecuado para las funciones que debía enfrentar, y como la renuncia no era posible, alguien debió envenenarlo.

A Tizoc le sucedió su hermano Ahuitzotl. Antes de la ascensión de este nuevo tlahtoani al trono, se organizó una campaña para obtener cautivos que debían ser sacrificados en dicha ceremonia. Para este efecto se reunieron los ejércitos de varios señoríos del valle y lograron llevar a México muchos prisioneros.

Una vez que Ahuitzotl recibió de los dioses el poder de gobernar, inició su reinado. México-Tenochtitlan, bajo su dirección, no escatimó esfuerzos para continuar conquistando señoríos y provincias, así como para mantener en sujeción lo ya conquistado. Los tributos seguían llegando a México enriqueciendo a su señor y a su nobleza. Los primeros años del gobierno de este tlahtoani fueron una buena época para su señorío.

Sin embargo, dos hechos ensombrecieron su reinado. Primero la muerte de Tlacaelel, el consejero de los últimos gobernantes, desde Itzcóatl hasta Ahuitzotl. Sus servicios para México habían sido incontables y muy valiosos. Gracias a sus sabios consejos, los señores de México habían logrado que sus dominios se extendieran por toda Mesoamérica.

Tenochtitlan era inmensamente rico, muy poderoso, respetado y temido gracias a la obra del gran Tlacaelel. Después de él, ninguno de los cihuacoas que ocuparon el cargo llegó a ser tan notable. Ninguno llegó a dar tanto a México.

El segundo acontecimiento funesto
que ocurrió en tiempos de Ahuitzotl fue
una gran inundación que asoló a la ciudad
de México-Tenochtitlan. Todo inició cuando
los mexicas, a fin de resolver la falta
de agua que aquejaba a la ciudad, fueron
con el señor de Coyoacan a solicitar el permiso
de construir un acueducto que llevara el
agua desde el manantial Acuecuexco que estaba
en Churubusco. El señor de Coyoacan se negó
y Ahuitzotl dispuso que le dieran muerte.
La orden fue cumplida y se inició
la construcción del acueducto.

Al tiempo que las compuertas se abrieron en Churubusco, el tlahtoani y los principales sacerdotes se dispusieron en México para dar la bienvenida al agua. Estaban precisamente recibiéndola con oraciones, cuando el manantial del que provenía comenzó a soltar grandes cantidades de líquido. Parecía que el agua hervía. El acueducto saturado comenzó a lanzar tal cantidad de agua que la ciudad se inundó, causando muchas desgracias.

Los mexicas trataron en vano de parar o al menos disminuir el flujo del agua. Todo fue inútil. Llamaron a Nezahualcóyotl, señor de Tetzcoco, quien era conocedor de técnicas de ingeniería. La solución acertada fue que unos buzos se introdujeran al manantial y sellaran el agujero del que manaba el agua. Así se hizo, la inundación comenzó a ceder y la vida de la ciudad se restableció.

Después de otras campañas victoriosas que trajeron a México aún más riquezas y honores, Ahuitzotl murió. A sus funerales asistieron los señores que gobernaban las ciudades del valle de México. De sus funerales guardaron memoria las antiguas crónicas. Al final, el cuerpo de Ahuitzotl fue incinerado, según la costumbre, y sus cenizas guardadas en un lugar reservado.

Los ancianos se reunieron para decidir la suerte de México-Tenochtitlan. Acordaron que quien debía conducir a México era el joven Moctezuma Xocoyótzin, hijo de Axayácatl. Se trataba de un hombre valiente, virtuoso y prudente. Todo auguraba que sería un excelente tlahtoani. Sin embargo, la historia había reservado algo inesperado para México-Tenochtitlan y, por supuesto, para Moctezuma, al que llamaron *el Joven*.

Apenas había subido al trono, Moctezuma emitió una serie de mandatos relacionados con el servicio a su persona. Mandó que todos los que estuvieran cerca de él fueran nobles de sangre pura. Dispuso también que todos fueran cultos y de educación refinada; quería que cuando transmitieran algún mensaje suyo, lo hicieran con la elegancia propia de las palabras de un tlahtoani. Los nobles que le iban a servir vivirían en el palacio desde jóvenes, para que aprendieran las finezas del lenguaje y del comportamiento.

No había en Mesoamérica imperio más grande que el de los mexicas. Casi había transcurrido un siglo entre la guerra contra Azcapotzalco y el gobierno de Moctezuma. La promesa de Huitzilopochtli se había cumplido; era el fruto del corazón patriota y abnegado de los mexicas.

EL CALMECAC

Calmecac significa "en la hilera de las casas". Así los mexicas designaban a la escuela donde se formaban los nobles. Ingresaban a ella los hijos de familias de pillis cuando tenían alrededor de siete años. También podían entrar algunos niños macehuales. En esa institución, los nobles aprendían lo necesario para gobernar mejor. Por su lado, los macehuales entraban para convertirse en sacerdotes. La educación en el Calmecac era muy severa. Los niños se levantaban a media noche para ir al monte llevando espinas de maguey. En un lugar apartado, se sangraban las piernas con las espinas y ofrecían su sangre a los dioses. Antes de volver al Calmecac debían bañarse con agua muy fría.

En el Calmecac aprendían cómo funcionaban los calendarios, la historia de los dioses y la de los hombres y todo lo referente a los rituales. Los hombres que salían de ahí tenían "un rostro sabio y un corazón firme como la piedra".

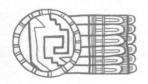

El doloroso epílogo

A MÉXICO-TENOCHTITLAN LLEGARON NOTICIAS EXTRAÑAS Y POCO ALENTADORAS. EN LAS COSTAS DEL ORIENTE APARECIERON UNAS CASAS QUE FLOTABAN SOBRE EL AGUA. EN ELLAS VENÍAN HOMBRES QUE VESTÍAN ROPAJES QUE BRILLABAN CON LOS RAYOS DEL SOL. EL COLOR DE SU PIEL ERA CLARO Y MUCHOS TENÍAN BARBAS. TRAÍAN CONSIGO ANIMALES MÁS GRANDES QUE LOS VENADOS, SIN CUERNOS Y EL TAMAÑO DE TALES BESTIAS LES PERMITÍA A ESOS HOMBRES MONTARLOS Y RECORRER DISTANCIAS MÁS GRANDES EN MENOS TIEMPO QUE SI CAMINARAN. TAMBIÉN TRAÍAN ARMAS MORTALES QUE LANZABAN FUEGO Y UNOS PROYECTILES CON GRAN ESTRUENDO.

La presencia de aquellos hombres, nunca vistos en estas regiones, sembró muchas inquietudes entre los mexicas y principalmente en su gobernante, Moctezuma Xocoyotzin. Cuando se supo que venían en nombre de un señor que gobernaba tierras lejanas, Moctezuma creyó que era el mismo Quetzalcóatl quien los enviaba.

Hubo entre los mexicas unos que creyeron
que eran dioses. Esta idea fue desechada
muy pronto, pues durante las primeras batallas
algunos de ellos fueron heridos
y otros murieron.

El ejército de los extraños llegó hasta
México-Tenochtitlan. Ahí fueron recibidos
por Moctezuma con grandes ceremonias y
llenaron de asombro a los habitantes de
la ciudad. Corría el mes de noviembre
de 1519, año 1 Caña en el calendario
mexica. Era el principio del fin.

Cronología

1156	Abandono de la ciudad de Tula, donde había gobernado Ce Ácatl Topiltzin Quetzalcóatl.
1168	Los mexicas salieron de Aztlan guiados por el dios Huitzilopochtli.
1298	Los mexicas son derrotados y expulsados de Chapultepec.
1325	Los mexicas fundaron su ciudad México-Tenochtitlan.

1338	Los tlatelolcas se separaron de los tenochcas y fundaron su ciudad México-Tlatelolco.
1375 - 1391	Gobierno de Acamapichtli, primer tlahtoani mexica.
1391 - 1414	Gobierno de Huitzilihuitl, segundo tlahtoani mexica.

1409 - 1419	Gobierno de Ixtlilxóchtl, padre de Nezahualcóyotl, en Tetzcoco.
1415 - 1427	Gobierno de Chimalpopoca en Tenochtitlan.
1426	Muere Tezozómoc, tlahtoani de Azcapotzalco.
1427 - 1440	Gobierno de Itzcóatl en Tenochtitlan.
1427	Comienza la guerra entre Mexico-Tenochtitlan y Azcapotzalco.
1431	Tras la derrota de Azcapotzalco se establece la nueva Triple Alianza. Nezahualcóyotl asciende al trono de Tetzcoco.
1440 - 1468	Gobierno de Moctezuma Ilhuicamina en Tenochtitlan.

1452 - 1455	La hambruna se extiende por el Valle de México y afecta a Tenochtitlan.
1458	México-Tenochtitlan conquista a Oaxaca.
1465	Concluye la guerra entre Tenochtitlan y Chalco.
1469 - 1481	Gobierna Axayácatl en Tenochtitlan.
1472	Muere Nezahualcóyotl, tlahtoani de Tetzcoco. Lo sucede su hijo Nezahualpilli.
1473	Guerra entre México-Tenochtitlan y Tlatelolco. Muere Moquihuix, señor de Tlatelolco.
1478	Los mexicas son derrotados por los purépechas en Tajimaroa.
1481 - 1486	Tizoc gobierna México-Tenochtitlan.
1486 - 1502	Gobierno de Ahuitzotl.

1498	Inundación de México-Tenochtitlan por el acueducto construido entre Churubusco y Tenochtitlan.
1503 - 1520	Moctezuma Xocoyotzin gobierna México-Tenochtitlan.
1515	Muere Nezahualpilli, señor de Tetzcoco. Es sucedido por Cacamatzin.
1519	El 29 de abril desembarcan Hernán Cortés y sus hombres en las playas de Chalchicueyecan (Veracruz).
	El 9 de noviembre son recibidos en México-Tenochtitlan por Moctezuma Xocoyotzin.
1520 - 1521	Gobierno de Cuitlahuac.
1521 - 1525	Gobierno de Cuauhtémoc, último tlahtoani tenochca.
1521	El 13 de agosto se rindió Cuauhtémoc.

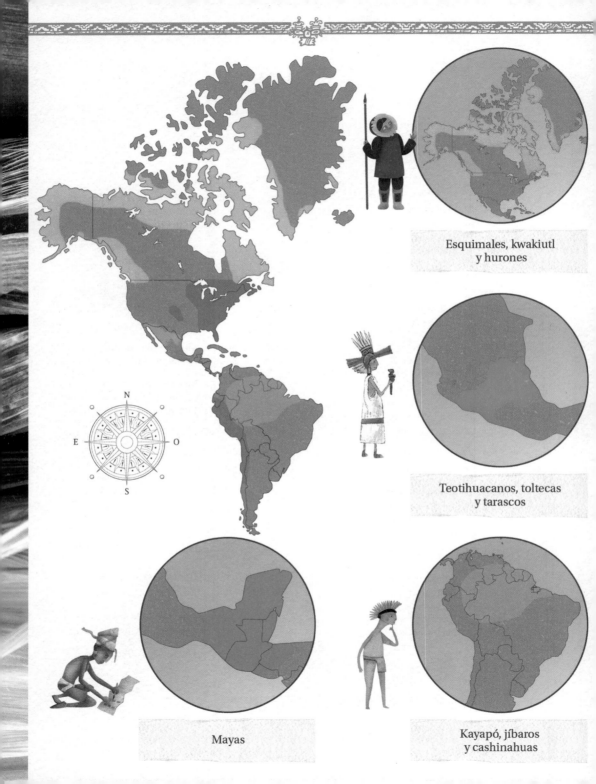

Esquimales, kwakiutl
y hurones

Teotihuacanos, toltecas
y tarascos

Mayas

Kayapó, jíbaros
y cashinahuas

Iroqueses, cheroquís
y sioux

Ópatas, tarahumaras,
yaquis y seris

Mexicas

Olmecas, zapotecos
y mixtecos

Incas

Mapuches

Bibliografía

 Ainsa, Fernando y Edgar Montiel, *Memoria de América en la poesía. Antología de 1492 a 1992*, París, Unesco, 1992.

Alvarado Tezozómoc, Hernando, *Crónica mexicana*, México, UNAM, 1994.

 ———, *Crónica mexicáyotl*, México, Instituto de Investigaciones Históricas de la UNAM (Primera serie prehispánica, núm. 3), 1998.

Durán, Diego, fray, *Historia de las Indias de Nueva España e Islas de la Tierra Firme*, estudio introductorio de Rosa Camelo y José Rubén Romero Galván, México, Conaculta (Cien de México), 2002.

 León-Portilla, Miguel, *Los antiguos mexicanos a través de sus crónicas y cantares*, México, FCE, 2005.